AF266169

STABILITÉ ET GARANTIE

DE

LA RÉPUBLIQUE FRANÇAISE,

UNE ET INDIVISIBLE.

MOEURS RÉPUBLICAINES.

ADRESSÉ A LA CONVENTION NATIONALE,

Par L. H. DUDEVANT,

Du Département de Lot et Garonne.

A AGEN,

De l'Imprimerie de la V.ᶜ NOUBEL et FILS, aîné,
Imprimeur-Libraire , N.ᵒˢ 2 et 3.

AN III.ᵉ

STABILITÉ ET GARANTIE

D E

LA RÉPUBLIQUE FRANÇAISE,

UNE ET INDIVISIBLE.

MŒURS RÉPUBLICAINES.

IL faut un gouvernement et des mœurs à la France républicaine. En parcourant quelques moyens d'y parvenir, j'acquitte une dette de mes sentimens; je paye un tribut à ma patrie.

Quelque gouvernement qu'adoptent les différens peuples, il n'en est qu'un seul pour des hommes parvenus à la conquête de la raison; celui de la volonté générale, soumise à une Représentation de son choix. La France est parvenue à fixer chez elle cette base fondamentale inconnue de tous les peuples. La France ne doit donc point chercher de modèle dans les administrations des peuples tant anciens que modernes.

Le gouvernement français doit, comme la république, être un et indivisible : son centre de mouvement doit être inviolablement

placé dans le sein de la Représentation nationale.

Loin de nous toutes les balances et les divisions de pouvoirs ; ils finissent toujours, ou
par une rivalité qui les confond , ou par une
usurpation qui les détruit. Cette grande vérité
peut d'autant mieux être sentie , que , sans
avoir besoin de chercher des exemples dans
l'antiquité, nous n'avons qu'à fixer nos regards
sur l'état actuel de l'Angleterre et de la Hollande.

Loin de nous aussi tous les modèles des
anciennes républiques , beaucoup trop vantés
et trop souvent cités. La république de *Platon*
est une chimère ; celle de *Lycurgue* , impossible chez un grand peuple : et celle de *Solon*
ne connut jamais ni l'égalité des hommes, ni
les bases sacrées de la fraternité universelle.

La république française doit présenter le
modèle unique d'un gouvernement paternel ,
fondé sur les bases sacrées d'une sage démo-
cratie ; et qui a su concilier un gouvernement
permanent , à l'abri de l'usurpation et des
orages populaires, avec le droit sacré qu'ont
tous les citoyens d'être appelés à y concourir.
Ce gouvernement ne doit point être compliqué ;
il doit être puisé dans la nature.

Mode du Gouvernement Français.

La Représentation souveraine du peuple est
établie ; mais elle pourroit être diminuée. Fixée
à quatre membres par Département, on auroit

une assemblée composée de trois cents cinquante membres environ ; et elle seroit auguste et point tumultueuse : il faudroit fixer pour les élections, l'âge de trente-cinq ans environ : ce choix se feroit indistinctement dans la classe de tous les citoyens , et parmi ceux dont la probité et les lumières seroient reconnues.

Cette représentation doit porter un caractère de permanence et de stabilité ; à cet effet, il ne seroit changé que la moitié des membres chaque année, ainsi les rênes du gouvernement seroient toujours resserrées et maintenues.

C'est dans le sein de la Représentation nationale , ainsi qu'on le pratique dans ce moment, que doivent être choisis les membres de l'administration , toujours amovibles, et se renouvelant par moitié chaque mois.

Trente-deux membres, divisés en quatre bureaux, suffiroient à cet effet.

Un bureau seroit destiné aux relations intérieures et extérieures, à la police générale ;
Un à la marine et aux troupes de terre ;
Un à la législation et aux finances ;
Un enfin , au commerce, à l'agriculture et aux arts.

Ces trente-deux membres seroient des administrateurs chacun dans les différentes parties qui leur seroient confiées ; ils auroient un rapport suivi et immédiat avec la Convention , à laquelle , chacun dans sa partie , rendroit compte de la situation des affaires de la République, à la fin de chaque mois ; et où ils proposeroient les lois relatives et nécessaires à chaque objet. Le même rapport doit lier immédiatement toutes les différentes autorités de la république à leur centre commun, la Convention.

D'après cet aperçu, auquel seroit superflu un plus grand dévelopement, la République française et son gouvernement ne formeront plus qu'un tout indivisible, d'où partiront toutes les ramifications qui doivent vivifier le corps politique: ainsi le faisceau républicain, se trouvant resserré de toute part, il sera à la fois la terreur des factieux et l'effroi des tyrans.

De la garantie du Gouvernement.

Jusques à présent les garanties des différens gouvernemens n'ont point eu de bases certaines : les formes de leurs établissemens ont, dans tous les temps, été abandonnées au hasard de leur durée ; par conséquent, livrées aux caprices des événemens : de là, les orages et les révolutions funestes qui les ont agités tour à tour. Le sage *Lycurgue* crut n'avoir rien fait pour le peuple de Lacédémone, s'il ne leur laissoit une garantie solennelle : c'est pour la leur assurer, qu'il alla s'ensévelir dans un tombeau. Cependant c'est encore un problême à résoudre, que celui de savoir si un peuple souverain, ou ses Repré entans, ont le droit de fixer irrévocablement une cons-

titution. Si on la fixe, dit-on, la souveraineté du peuple est compromise. Ainsi, au
milieu des principes sublimes qu'a dévelop-
pés la France, la garantie du gouvernement
n'est point encore consacrée. Cette incerti-
tude ne doit-elle pas faire frémir tous les citoyens, tous les philosophes législateurs! La
plus belle des constitutions sera-t-elle donc, en
naissant, abandonnée sur le bord de la tombe?

C'est envain qu'on entreprendroit de faire
une constitution durable, si les bases sur les-
quelles elle doit reposer, n'étoient des bases
éternelles. Mais l'humanité, la justice, la
liberté, sont des vertus de tous les siècles,
et de tous les peuples. L'Être suprême les a
gravées dans le cœur de tous les hommes avec
la même empreinte. Malgré le voile obscur
qui couvre la morale des différens peuples,
on verra que ces dons sacrés furent dans
tous les temps les mêmes, et qu'ils n'ont
jamais changé. Ainsi le peuple Français, en
bâtissant sa constitution, sur de tels fonde-
mens, élève un édifice sur des bases éternelles et immuables, où les hommes de tous
les siècles et de tous les pays, doivent nécessairement s'empresser à chercher un asile,
et s'y fixer.

Il est un dégré de perfection pour les gouvernemens, comme pour les productions des
arts. On tombe nécessairement dans le médio-
cre et même le vicieux, si on tente de le
franchir. Ainsi l'Apollon du Belveder et la

Vénus de Médicis seront, dans tous les temps, des chefs-d'œuvres qu'on pourra bien copier, mais jamais embellir. Voilà la place que la Constitution française doit tenir au milieu de toutes les constitutions de l'univers ; elle doit présenter un résultat si bien organisé, quesa perfection même lui serve de sauve-garde ; qu'elle devienne une pierre d'achoppement pour les innovateurs ; que l'unique soin des Français soit d'en cimenter la durée, et leur seule crainte d'en voir altérer les principes, ou changer son organisation.

Cette garantie suffiroit, sans doute, à un pacte social qui ne laissera rien à la recherche du génie, puisqu'il sera conforme aux lumières de la raison ; qui ne laissera également rien à désirer aux inquiétudes du sentiment, puisque le bonheur commun y sera respecté et maintenu. Mais les passions humaines, mais les nations rivales seront là, et tenteront de l'altérer ; de là, la nécessité indispensable d'une garantie sociale, qui en maintienne constamment les formes et la durée.

Cette garantie doit être la pierre angulaire qui consolide tout l'édifice politique : elle sera un monument de plus élevé à la liberté française et à la sûreté publique.

Le peuple souverain ne pouvant gouverner en masse, il gouverne par ses délégués : il doit donc exister un pacte entre eux, et qui lie également et les Représentans et les

Représentés : ce pacte doit reposer sur la foi publique ; il doit être solennel et sacré.

Pacte et Garantie sociaux.

Le peuple assemblé , à tel jour , à telle époque de l'année , déterminés par la loi , pour le choix de ses Représentans , et avant de procéder à toutes nominations , s'engagera , par un serment religieux et solennel , à ne jamais les troubler dans l'exercice de la souveraineté qui va leur être confiée pour un temps donné.

La nomination étant faite , chaque Représentant sera proclamé *le Père de la Patrie*. Il jurera à son tour , en présence du peuple , de ne jamais aliéner , ni porter la moindre atteinte au droit imprescriptible qui lui appartient de s'assembler à tel jour , à telle époque de l'année , et de choisir et nommer ses Représentans.

Après ce serment individuel , tous les Représentans , réunis pour l'exercice de leurs fonctions , et avant l'ouverture d'aucune séance , le renouveleront collectivement dans un temple auguste , dans une fête solennelle. Ainsi le Créateur fixa une première fois des bornes aux flots de la mer , et dicta une marche régulière à tous les globes du monde. La raison dans l'homme , est encore sa voix qui se fait entendre.

Le pacte social des Français , étant ainsi

affermi de toutes parts , ne pourroit recevoir d'altération que par l'oubli ou l'inexécution de cette loi fondamentale; son renouvelement annuel , qu'aucun événement, qu'aucune circonstance ne pourroient jamais suspendre , ne rendroit-il point cette infraction impossible? Mais pourquoi des craintes ? pourquoi même des doutes sur un pacte social qui a la félicité publique pour base , et la promesse des Français pour garant : toutes les parties du gouvernement s'y trouvent donc tellement liées, qu'il sera également éloigné de pencher vers l'oligarchie ou l'aristocratie qui en changeroient totalement les formes , ou vers la licence de la multitude qui en seroit le tombeau.

Des Mœurs républicaines.

Tout est changé dans le gouvernement des Français, tout doit changer dans leurs mœurs : ils sont encore bien éloignés de ce noble et grand caractère, que doivent leur imprimer l'union , la franchise, et la fraternité républicaines. Nos sociétés sont encore renfermées dans ce cercle étroit que la vanité et l'opulence, que la présomption et l'orgueil avoient circonscrit. Il faut enfin le franchir. Il est temps que des hommes qui ont consacré les lois douces de l'amitié et de l'égalité, jouissent en commun de tous les charmes qui doivent les suivre. Il est temps que le peuple français présente à tous les peuples de la terre le con-

solant tableau d'une grande famille , que
l'amour de la patrie réunit aussi bien que les
liens du sentiment et des plaisirs.

Qu'on ne pense point que cette métamor-
phose soit si difficile à opérer : le caractère
national l'a déjà préparée. C'est à la Convention nationale à organiser ce nouveau plan de
régéneration publique ; elle l'a déja indiqué ;
il faut qu'elle lui imprime l'impulsion néces-
saire pour le réaliser.

Les sociétés populaires qu'avoit enfanté
l'amour de la patrie et de la liberté , ont fini
par être le foyer des passions et de l'intrigue :
l'usurpation sur le corps politique du gouvernement , devenoit leur dernière folie ; et
bientôt la république eût péri par l'anarchie
et les divisions intestines. Le gouvernement
et le peuple en ont heureusement arrêté le
cours. On y prêchoit l'union et la fraternité ;
et on n'y applaudissoit qu'aux combats de
la haîne et de la rivalité. Aussi leur destruc-
tion s'est opérée d'elle-même ; et c'étoit indispensable , parce que les hommes ne peuvent se maintenir en société que par l'attrait
d'un intérêt commun , que les arts et les plaisirs peuvent seuls inspirer; et elles finissent
dès-lors que les passions y pénètrent.

Sociétés Républicaines.

Formons donc des sociétés auxquelles présideront, tour-à-tour, l'amour de la patrie, la culture des arts, et les plaisirs de la jeunesse. Que la gaîté, la décence et les mœurs, en fissent l'ornement ! De telles sociétés seront indestructibles, parce qu'elles seront accompagnées de charmes toujours renaissans.

Ces sociétés doivent être en raison de la population ; mais elles doivent exister partout.

La convention nationale n'a besoin que d'une invitation aux français, et de donner des facilités à ces établissemens. Que Paris donne l'exemple, et bientôt la France est vraiment régénérée.

Dans les grandes communes, il y aura une de ces sociétés par chaque section ; dans les petites communes, dont la population n'excédera pas trois mille ames, une seule ; et successivement.

Il seroit choisi, à cet effet, dans chaque section ou petite commune, un local assez vaste pour contenir une salle de bal, avec deux appartemens y attenant, dont l'un seroit destiné à la lecture des nouvelles politiques, et l'autre aux jeux de société, pour les pères et mères : on pourroit pratiquer, dans l'un des fonds de la salle, un petit théâtre où la jeunesse pourroit de temps en temps, jouer la comédie et donner des concerts.

Ces établissemens se feroient par une sous-
cription volontaire, consentie par tous les
citoyens, suivant leurs facultés: beaucoup de
monuemens nationaux, qui ne peuvent avoir
d'emploi, pourroient être abandonnés à ces
établissemens.

Le soir de chaque décade, tous les citoyens
et citoyennes de chaque section, se rendroient
à l'assemblée républicaine : la danse et les
jeux de société seroient le plaisir des uns ;
la lecture, et les charmes de la conversation,
seroient le délassement des autres. Ainsi tous
les citoyens ayant un point de réunion, les
liens de l'amitié et de la fraternité en seroient
d'autant plus resserrés : l'émulation y ameneroit
successivement la variété des plaisirs.

Les dépenses de ces établissemens étant fai-
tes en masse, ne seroient onéreuses pour person-
nes: d'ailleurs, quelle économie n'en résultera-t-
il point pour les dépenses particulières, puisque chaque décade seroit un jour de fête et de
plaisir pour chaque famille !

Quoique chaque section ait sa fête particu-
lière, toutes doivent cependant avoir un rapport
de fraternité entr'elles, soit par les invitations
partielles qui se feroient de section à section,
et où elles se rendroient par députation ; soit
enfin par une fête générale qui se donneroit
à une époque de l'année, et où chaque section assisteroit par députation: ainsi s'établi-

roit un rapport constant de liaison et de fraternité entre tous les citoyens d'une grande cité. Les salons de lecture seroient, pour la commodité commune, ouverts à tous les citoyens, ainsi qu'aux étrangers.

Ce régime social une fois établi en France, quel est le citoyen qui pourra ambitionner une autre patrie ! et quel est l'étranger qui ne désirera pas de s'y fixer ?

Sociétés républicaines, nous ne porterons point dans vos enceintes ce luxe importun qu'on traînoit après soi dans ces fêtes pompeuses, et auxquelles présidoient, tour à tour, l'ennui, les sotes prétentions et l'orgueil. Mais les républicains y apporteront cette simplicité agréable, cette honnêteté franche et réciproque, enfin le désir de plaire et de s'amuser, qui en feront le charme. Ce sera dans ces fêtes républicaines, que le jeune guerrier, au retour des combats, recevra les tendres embrassemens de ses parens et de ses amis ; c'est là qu'il montrera à ses camarades ses nobles blessures, ou le panache enlevé à son ennemi ; c'est-là que les nouveaux époux recevront les douces félicitations sur un hymen que l'amour et les grâces auront formé. C'est-là ou les pères et les mères jouiront des progrès et des talens qui se développeront dans leurs enfans, et qui ne seront point perdus pour la société. Ainsi, la danse, la déclamation, le chant, y porteront tour-à-tour le tribut de leurs charmes divers.

Ces assemblées seront à la fois une école de mœurs publiques et de vertus privées. L'amour et l'amitié s'y donneront souvent la main.

Elles acquerront encore bien plus de perfection, nos fêtes républicaines, lorsque l'éducation nationale qui vient d'être si sagement organisée par nos législateurs, y introduira le parfait niveau républicain : c'est alors que nos neveux seront bien étonnés d'apprendre, ou de lire dans l'histoire les disparates des rangs et des conditions. Sans doute ils n'oublieront point, dans leurs comédies et dans leurs jeux, d'en tracer souvent le tableau ridicule.

Tu décoreras aussi nos fêtes républicaines, amour sacré de la patrie! nous t'y dresserons des autels, dont l'éclat ne sera point terni par la vaine fumée d'un encens qui se consume et se dissipe. Nos vœux et nos hommages formeront autour de toi un feu sacré, une lueur éternelle Nos armes déposées en faisceaux à tes pieds, y feront un rempart. Au premier signal de tes ennemis, nos bras vengeurs seront bientôt armés ; et du sein des plaisirs, nous volerons à la victoire, nous nous élancerons au milieu des combats.

F I N.

9 782013 455442